W0355444

INTERNET ET SES PIÈGES EXPLIQUÉS AUX ENFANTS

ET AUX GRANDS AUSSI PARFOIS !

INTERNET, QU'EST-CE QUE C'EST ?

Internet est un très gros réseau informatique qui relie plein d'ordinateurs partout dans le monde et permet d'accéder à de nombreux textes, images, vidéos...
Il a été inventé en 1969 par des chercheurs américains. Au départ, il ne servait qu'à l'armée des États-Unis pour communiquer de façon sûre et s'appelait ARPANET.

Depuis, il a beaucoup progressé. En septembre 2014, Internet a franchi la barre du milliard de sites en ligne, mais le nombre augmente tous les jours.

À retenir

- La langue la plus parlée sur Internet est l'anglais, suivi par le mandarin (chinois).
- Aujourd'hui, il y a ce qu'on appelle la « fibre optique ». Elle permet de naviguer sur Internet très vite.

Ordinateur

Pour se connecter à Internet il faut un ordinateur (ou une tablette ou un smartphone) et un logiciel de navigation (Firefox, Chrome, Ecosia...).

La box Internet

Elle permet à l'ordinateur (à la tablette ou au smartphone) de se connecter à Internet. Elle réunit le modem et la borne Wi-Fi.

Fournisseur d'accès

C'est une entreprise qui relie Internet au réseau téléphonique (Orange, Bouygues Télécom, SFR...). Il permet à ses abonnés d'accéder à Internet, grâce à un réseau. Ce réseau s'appelle actuellement la 4G et on sait que la 5G arrivera prochainement.

Réseau téléphonique public

Les lignes téléphoniques relient un ordinateur au fournisseur d'accès.

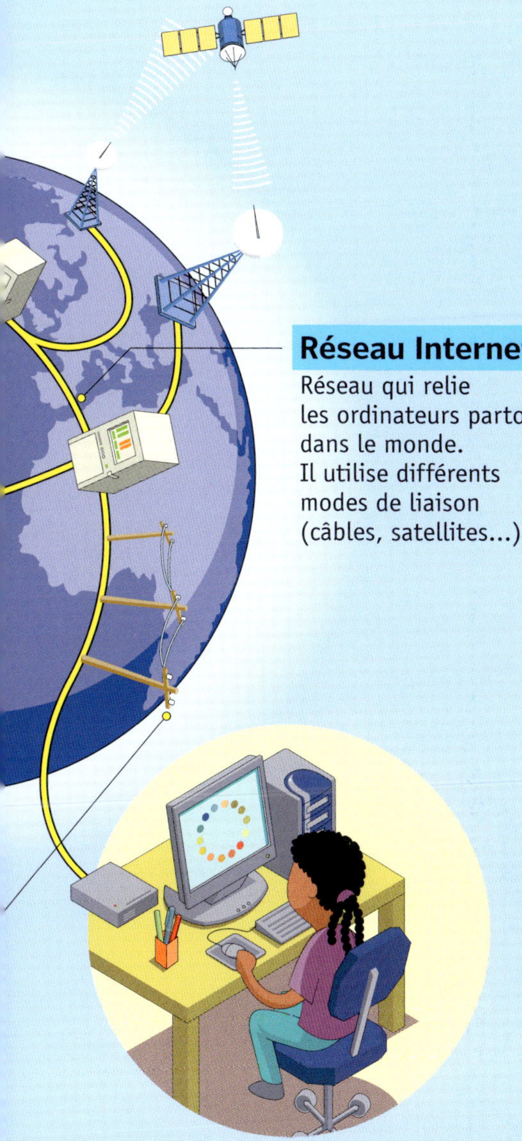

Réseau Internet

Réseau qui relie les ordinateurs partout dans le monde. Il utilise différents modes de liaison (câbles, satellites...).

ART PRESSE

Chiffres clés

4,45 milliards. C'est le nombre d'internautes dans le monde.

5h. C'est le temps moyen qu'un Français passe sur Internet chaque jour.

15 % des Français vivent sans Internet, par choix ou parce qu'ils n'ont pas assez d'argent.

12-19 ans. C'est à ces âges qu'on utilise le plus Internet (en France).

Dico

Réseau (ici) : ensemble des lignes qui sont reliées.
Logiciel : programme informatique.
Modem : MOdulateur DÉModulateur. Il utilise le réseau du téléphone pour se connecter.
Wi-Fi : connexion Internet sans fil.
4G : quatrième génération de réseau mobile. À chaque génération, le réseau est de plus en plus rapide.
Internaute : nom donné à un utilisateur d'Internet.

L'ORDINATEUR ET L'ÉCRAN

Le tout premier ordinateur a été créé en 1946 aux États-Unis. Il pesait 30 tonnes et occupait 160 m^2, soit le poids de 4 éléphants et la taille d'un terrain de volley ! Avec le temps, les ordinateurs sont devenus de plus en plus petits et légers. Beaucoup d'accessoires se branchent aujourd'hui aux ordinateurs. On les appelle des « périphériques ». En voici quelques-uns :

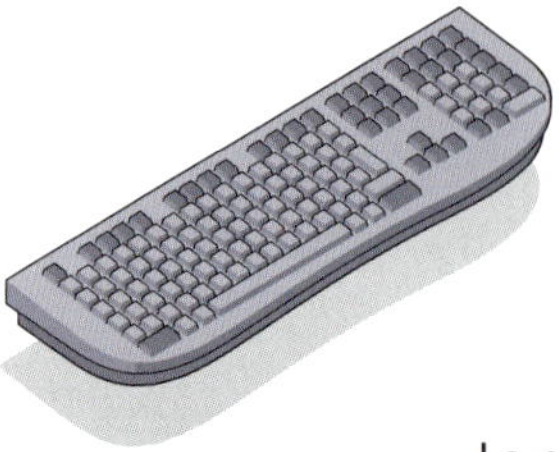

Le clavier d'ordinateur est apparu dans les années 1960. Il est fabriqué sur le modèle des machines à écrire. La place des touches peut changer d'un pays à l'autre.

La souris a été inventée en 1963. Aujourd'hui, on a des souris optiques, qui fonctionnent grâce à un petit faisceau de lumière. Maintenant, avec les écrans tactiles, elle n'est plus systématique.

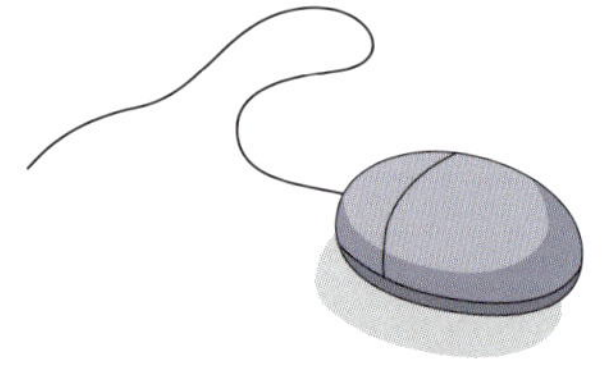

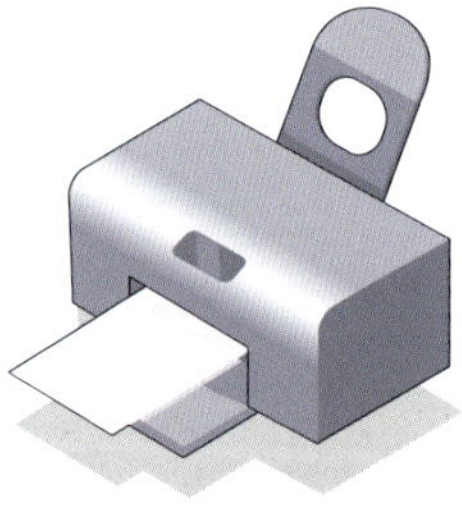

Les premières imprimantes sont apparues au début du XXe siècle aux États-Unis.

Le scanner sert à transformer un document papier en image informatique. Il a été inventé dans les années 1960 aux États-Unis.

La question de Quotillon

Vrai ou faux ? Depuis 2016, le smartphone est le 1er support utilisé dans le monde pour aller sur Internet.

Vrai.

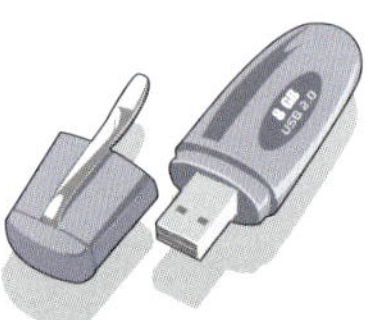

La clé USB permet de transporter des documents, des photos, de la musique… Elle a fait son apparition dans les années 2000.

Beaucoup de sites Internet sont organisés de la même manière. Il existe tout un vocabulaire, qu'il est important de connaître, pour naviguer sur Internet.

Le chapeau (ou menu)

Il nous aide à naviguer sur le site. C'est généralement là qu'on peut se connecter au compte utilisateur, et qu'on a le moteur de recherche.

Le cœur

On y trouve l'actualité du site, les publicités (s'il y en a), les informations, des liens vers d'autres parties du site.

L'ours

C'est là qu'il y a les mentions légales, le contact du site, des liens vers la FAQ (Foire aux questions, *lire p. 6-7*).

À retenir

Aujourd'hui, il existe d'autres moyens d'accès à Internet que l'ordinateur. On a le smartphone, la tablette et même la télévision ! Les sites Internet doivent donc s'adapter aux différents supports.

18 MOTS D'ANGLAIS LIÉS À INTERNET

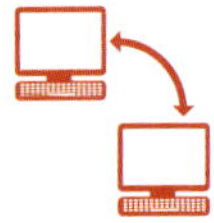

Peer-to-peer (P2P)

« De pair à pair » ou encore « de poste à poste ». C'est un réseau informatique qui permet d'échanger des fichiers directement entre ordinateurs (musique, films...).

Podcast

Émission de radio ou de télévision que l'on peut télécharger directement sur son ordinateur ou son téléphone portable.

Streaming

Diffusion en mode continu d'un fichier audio ou vidéo. Le *streaming* permet de visionner un film directement sur un site, sans le télécharger.

Download

Du verbe anglais *to download* = télécharger.

Spyware

Logiciel espion qui enregistre les pages vues par l'internaute, le temps qu'il a passé sur un site, sur quel lien il a cliqué...

Geek

Se dit d'une personne passionnée par l'informatique et qui peut rester des heures devant son ordinateur à jouer à des jeux vidéo ou à dialoguer sur des *chats*, par exemple.

World Wide Web (www)

« Toile d'araignée mondiale » aussi appelée « Web ». C'est un système qui permet, grâce à un navigateur, de consulter les pages mises en ligne sur des sites Internet.

Webcam

Caméra reliée à un ordinateur connecté à Internet. Elle permet de transmettre des images et du son à un autre internaute.

FAQ

« Frequently Asked Questions » (en français « Foire Aux Questions ») sont des listes de réponses à des questions fréquemment posées. De nombreux sites proposent des FAQ aux internautes pour répondre aux principales questions qu'ils se posent sur un sujet donné.

La question de Quotillon

Vrai ou faux ?
Le premier spam faisait de la pub pour des ordinateurs.

Vrai. Il date de 1978.

Update

Mise à jour (pour un site Internet ou un logiciel).

Spam

Courrier électronique envoyé par une personne que l'on ne connaît pas. Il s'agit souvent de publicités ou de mails malhonnêtes.

Freeware

Logiciel qui peut être téléchargé, installé et utilisé gratuitement.

Chat

De l'anglais *to chat* = bavarder. Conversation écrite en ligne entre plusieurs personnes connectées et qui échangent des messages en temps réel.

Spoiler

Du verbe anglais to spoil, *gâcher*. C'est raconter la fin d'un film, d'un livre, d'une série, et gâcher le plaisir de celui qui ne l'a pas encore vu(e) ou lu(e). Sur Internet les spoilers sont très nombreux.

E-mail

« Electronic mail », c'est-à-dire un courrier électronique.

Blog

Site Internet qui regroupe des articles écrits par un internaute (appelé « blogueur »). Tout le monde peut en créer un.

Fake

Un *fake* désigne quelque chose de faux, comme des photos ou des vidéos truquées.

Post Publication

Article sur un blog. Il peut s'agir d'un texte, d'une photo, d'une vidéo.

QUE PEUT-ON FAIRE AVEC INTERNET ?

Internet, ce n'est pas seulement naviguer sur des sites. Aujourd'hui, il est possible de faire de plus en plus de choses sur ce réseau informatique mondial. Discuter, travailler, acheter, télécharger, chercher des renseignements, jouer... L'augmentation des vitesses de connexion devrait encore multiplier les usages sur le Web d'ici quelques années.

Le télétravail

Avec le développement d'Internet, plus de gens peuvent désormais travailler de chez eux. En se connectant à Internet sur les réseaux de leur entreprise ou de leurs clients, ils peuvent intervenir à distance et envoyer très facilement ce qu'ils ont réalisé.

Les papiers officiels

Les administrations françaises (les impôts, les préfectures...) sont de plus en plus connectées. Elles proposent des services en ligne : renseignements, demande de formulaires, télédéclaration de revenus...

Dico

Naviguer (ici) : aller d'un site en ligne à un autre via Internet.
Web : Abréviation de *World Wide Web* qui signifie « toile d'araignée mondiale », souvent utilisée comme synonyme d'Internet.
En ligne (ici) : accessible sur Internet.
Google : c'est un des plus célèbres moteurs de recherche utilisé.

Le téléphone

Avec Internet, un ordinateur, un casque et un micro, on peut appeler depuis son ordinateur. Si on y ajoute une webcam, on peut, en plus, voir en direct la personne avec qui on parle.

Les recherches

Sur Internet, il y a des millions de sites sur des millions de sujets. Pour s'y retrouver, il faut utiliser des moteurs de recherche : des sites spécialisés dans la recherche d'informations. Sur Google, environ 4 millions de recherches sont faites chaque minute.

Les jeux en ligne

De nombreux jeux en ligne existent. Il y en a vraiment pour tous les goûts. Avec certains jeux il est possible de communiquer avec d'autres personnes, des amis ou des inconnus. Tu dois donc rester prudent (*lire p. 20-21*).

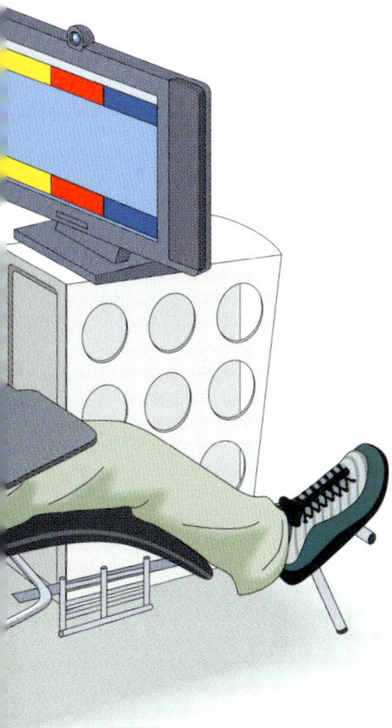

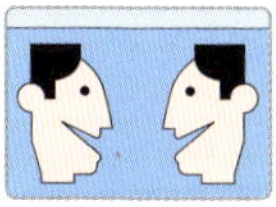

Les « chats »

Ce mot anglais qui signifie « discuter » est utilisé pour désigner des espaces de discussion en direct.

Les téléchargements

Musiques, vidéos, logiciels... Sur Internet, télécharger une chanson est devenu facile. Mais attention : télécharger illégalement un fichier est considéré comme un vol.

Les courses

Il est possible d'acheter par Internet des DVD, des vêtements, des voyages... Et même de faire ses courses.

Attention

Sur Internet, beaucoup de sites sont payants. Il faut donc faire attention. Certains te demandent un numéro de carte bancaire, mais d'autres te font payer directement sur ton abonnement Internet (comme si tu téléphonais hors forfait). N'hésite pas à te faire conseiller par un adulte.

INTERNET POUR L'ÉCOLE

Souvent, tu utilises Internet parce que tu en as besoin pour l'école. Entre exposés et devoirs maison difficiles, Internet est très utile à condition de bien savoir s'en servir.

Rechercher des informations

EDUCNUM

Commence par vérifier que ton ordinateur est connecté à Internet.

• Ensuite, le mieux est d'aller sur un moteur de recherche comme Qwant junior, Google, Bing ou Ecosia.

• Si tu écris : « trouver des idées d'exposés », tu risques d'avoir beaucoup de résultats. Garde juste les mots importants : ce sont les « mots clés » ; par exemple « exposé, idées, école primaire ». N'hésite pas à cibler selon ton niveau scolaire pour ne pas tomber sur des sites trop compliqués.

• Sélectionne le site Internet qui te semble le mieux. Wikipédia et Vikidia peuvent être très utiles, à condition de rester vigilant (*lire p. 18-19*). N'hésite pas à aller sur différents sites pour croiser les informations.

Astuce : sur certains moteurs de recherche, tu peux choisir de ne voir que des sites Internet, des images ou des vidéos. Cela peut t'aider !

À retenir

Même si Internet est utile, n'oublie pas que la bibliothèque peut aussi t'apprendre beaucoup de choses !

Attention

Ce n'est pas toujours facile de trouver les bons sites du premier coup. Certains sites ne sont pas pour toi, et d'autres contiennent de fausses informations qui pourraient te valoir une mauvaise note. N'hésite pas à demander conseil à un adulte.

Envoyer un e-mail

Les e-mails permettent de communiquer rapidement et presque gratuitement avec une personne, peu importe où elle se trouve dans le monde. Ils offrent de merveilleuses possibilités, comme le fait de pouvoir envoyer un même message à plusieurs contacts en même temps ou d'avoir un correcteur pour éviter de faire trop de fautes.

Pour cela, tu as besoin d'un ordinateur, d'une tablette, ou d'un téléphone portable connecté à Internet. Il te faut aussi une adresse e-mail. Tu peux demander à tes parents si tu peux utiliser la leur, ou de t'en créer une à toi.

Attention

Ne donne ton adresse e-mail qu'à ta famille et tes amis proches. Si tu reçois un message d'un inconnu, préviens tes parents et ne réponds pas. Certaines personnes s'amusent à envoyer de faux e-mails pour te faire croire que tu as gagné de l'argent, ce qui est faux. Parles-en à un adulte.

Dico

Moteur de recherche : site Internet qui permet de rechercher des informations.
Croiser (ici) : comparer les informations d'un site à l'autre pour vérifier qu'il n'y a pas d'erreurs.

LES INFORMATIONS SUR INTERNET

Aujourd'hui, grâce à Internet, on peut savoir ce qui se passe dans le monde presque en direct. Mais comment s'y retrouver parmi les nombreux sites d'information ?

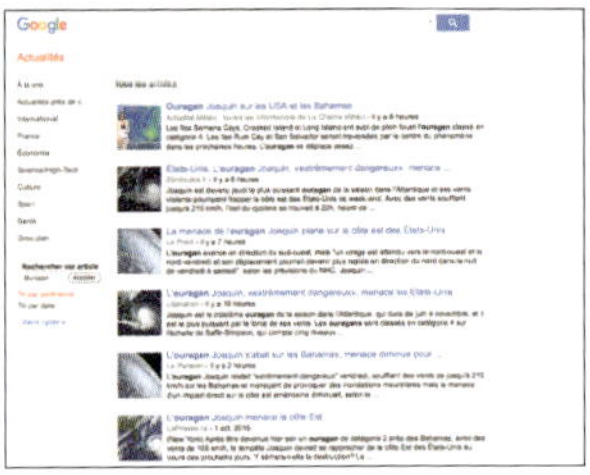

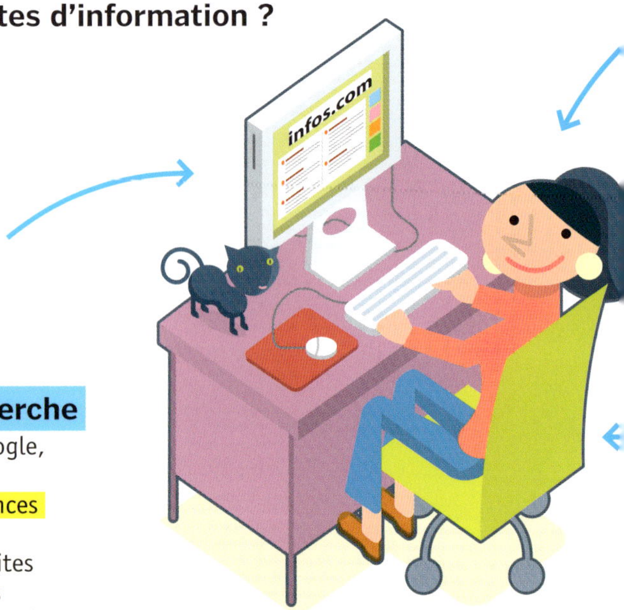

Les moteurs de recherche

Les plus utilisés, comme Google, permettent de consulter les dernières dépêches des agences de presse, mais aussi des articles de journaux ou de sites d'information. Quand tu fais une recherche, tu peux demander à ne voir que les actualités.

Radio et télévision

Les sites de télévision et de radio permettent de regarder ou d'écouter les journaux et certaines émissions, en direct ou après leur diffusion (en replay).

Attention

Parfois certains sites d'information peuvent te paraître fiables, mais ne le sont pas forcément. Si tu as un doute, demande son avis à un adulte ou va sur le site www.lemonde.fr/verification/ (*lire p. 14-15*).

La presse écrite

Les principaux quotidiens et hebdomadaires ont leurs propres sites où l'on peut lire quelques articles. On peut aussi accéder à leurs archives, mais c'est souvent payant. L'information est mise à jour régulièrement.

La question de Quotillon

Quel site d'information est le plus consulté en France ?

L'Équipe (journal sportif).

Les blogs

Ce sont des journaux personnels où l'on peut parfois trouver des informations intéressantes. Certains hommes politiques ou certains spécialistes tiennent des blogs.

Les infos des internautes

On trouve beaucoup d'informations sur les réseaux sociaux comme Facebook (*lire p. 16-17*), Twitter ou sur les forums. Mais il faut faire attention, car elles peuvent être fausses ou tendancieuses. Parfois, ceux qui les écrivent veulent faire naître des rumeurs.

Dico

Dépêche (ici) : c'est une courte information provenant d'une agence de presse, pour la presse.
Agences de presse : elles vendent des informations aux médias (télé, radio, presse...).
Quotidien (ici) : journal qui paraît tous les jours.
Hebdomadaire (ici) : journal qui paraît une fois par semaine.
Archives (ici) : documents anciens, mais classés et conservés pour qu'on puisse les lire même des années plus tard si on en a besoin.
Forum (ici) : espace public virtuel sur lequel on échange des messages avec d'autres internautes.
Tendancieuses : qui donnent leur propre avis, qui ne sont pas objectives.

LES *FAKE NEWS*

Les *fake news* sont des fausses informations qui circulent surtout sur les réseaux sociaux et les sites Internet. Elles peuvent prendre la forme d'articles, de photographies et même de vidéos. Les fausses informations ont toujours existé mais, aujourd'hui, avec la puissance d'Internet et des réseaux sociaux, elles se développent plus vite.

À quoi servent-elles ?

Certaines personnes diffusent des *fake news* pour faire rire. Mais le principal intérêt de ces fausses informations est de manipuler les gens. Par intérêt financier par exemple. Une image ou une info choc génère des clics, cela signifie que les gens vont visiter le site pour lire l'article en entier par exemple et en savoir plus. Mais chaque visite sur un site Internet rapporte de l'argent à son propriétaire. Les *fake news* peuvent aussi nuire à une personne, une entreprise...

Qui diffuse les *fake news* ?

Il existe des sites mensongers, présentés comme des médias alternatifs, mais aussi des sites de propagande. Se développent également les *deep fakes* : des vidéos trafiquées de façon très réaliste. Elles permettent de faire dire n'importe quoi à n'importe qui. Des stars et des hommes politiques en ont déjà été victimes.

Parfois, certains sites satiriques créent de fausses infos dans le but de faire rire leurs lecteurs (comme les sites Legorafi.fr et Nord-presse.be).

Comment s'en protéger ?

Premièrement, il faut éviter de partager des articles avant de les lire en entier. Le titre peut parfois être très différent du contenu ou ne dévoiler qu'une toute petite partie de la vérité pour induire en erreur. Ensuite, il faut vérifier que le site en question est sûr et regarder si d'autres sites « sûrs » ont eux aussi relayé la nouvelle. Si tu doutes de la fiabilité d'un site, tu peux vérifier sur : www.lemonde.fr/verification/

Pour les photos, tineye.com ou Google images permettent de voir si elle a déjà été utilisée et dans quel contexte. Pour une vidéo youtube, il y a le site citizenevidence.amnestyusa.org/

Un exemple de *fake news*

Cette photo d'un éléphant portant un lionceau a été partagée des centaines de milliers de fois sur Internet. Mais il s'agit en réalité d'un montage composé de 3 photos différentes : une de l'éléphant, une de la lionne et une du lionceau.

Dico

Média alternatif : qui souhaite apporter des informations complémentaires aux médias traditionnels (radios, journaux, télévision...).

Propagande : l'ensemble des moyens pour amener la population à avoir certaines idées, politiques par exemple.

Satirique : qui critique certains comportements ou certaines habitudes pour faire rire.

LES RÉSEAUX SOCIAUX

Un réseau social est un site sur Internet qui met en relation des utilisateurs pour qu'ils puissent discuter et échanger des images, des vidéos et des textes. Ces autres utilisateurs peuvent être des amis, de la famille ou des inconnus qui partagent tes centres d'intérêts.

Facebook

Facebook est un réseau social créé en 2004 aux États-Unis par Mark Zuckerberg alors qu'il n'avait que 19 ans. Il permet de partager du texte ou des photos avec sa famille et ses amis. Attention, les informations mises en lignes peuvent aussi être vues par des inconnus si tu paramètres mal ton compte.

Si tu as été identifié dans une photo qui te dérange, demande à la personne qui l'a mise en ligne de la retirer. Facebook est interdit au moins de 13 ans, mais de nombreux enfants y sont pourtant inscrits. Ils ont triché pour créer un profil. Facebook a donc le droit de fermer leur compte.

Dico

Utilisateur (ici) : personne qui se connecte à un réseau social.
Profil (ici) : page personnelle sur Facebook avec une photo et des informations (anniversaire, adresse...)
Micro-trottoir : interroger des personnes dans la rue, pour leur poser une question et connaître leur avis sur un sujet.
Challenge : défi, épreuve.

Messenger

Sur Facebook, tu peux envoyer ou recevoir des messages. C'est comme des SMS gratuits. Tu peux voir lorsqu'une personne a reçu ou lu ton message. Tu peux aussi faire des conversations de groupe, ce qui peut être très pratique pour un exposé.

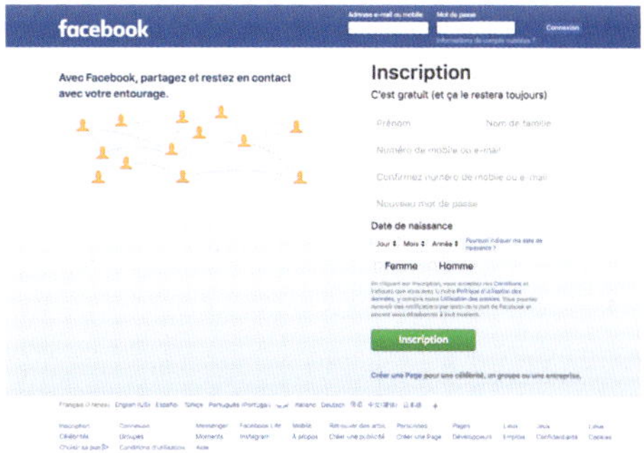

Instagram

Instagram est un réseau social américain qui appartient à Facebook. Il te permet de publier des photos accompagnées de textes, mais aussi des stories (photos ou vidéos qui resteront visibles 24 heures) ou encore des reels (de courts montages vidéo). Tu peux choisir d'avoir un compte public (accessible à tous) ou privé (autorisé à certaines personnes seulement). Tu dois avoir 13 ans pour pouvoir l'utiliser.

Tiktok

Créé en Chine en 2016, Tiktok permet d'échanger des vidéos courtes de 3 à 60 secondes. Tu peux y trouver toutes sortes de vidéos : de la danse, du chant ou des micros-trottoirs. L'application propose aussi des challenges. Mais fais attention, certains sont faciles et amusants, tandis que d'autres sont truqués et même dangereux à réaliser ! Reste vigilant et montre-les à un adulte pour avoir son avis.

Chiffres clés

800 millions. C'est le nombre d'utilisateurs mensuels de Tiktok.
4,2 milliards. C'est le nombre de mentions « j'aime » sur Instagram chaque jour.
35 minutes. C'est le temps moyen passé sur Facebook chaque jour par un utilisateur.

WIKIPÉDIA

Grâce aux encyclopédies en ligne et aux moteurs de recherche sur Internet, nous avons aujourd'hui un accès aux connaissances partout et tout le temps.

Wikipédia est l'encyclopédie en ligne la plus connue. Elle existe dans plus de 280 langues. Elle est collaborative, c'est-à-dire que tout le monde peut y écrire des articles, en modifier ou en corriger.
Le préfixe « wiki » signifie « rapide », « vite » en hawaïen.

Chiffres clés

2,3 million. C'est le nombre d'articles en ligne sur la version française de Wikipédia en 2020.
2001. C'est l'année de naissance de Wikipédia aux États-Unis. Le site a été créé par Jimmy Wales, un homme d'affaires, et Larry Sanger, diplômé en philosophie.
17 000. C'est le nombre de personnes (en moyenne), qui contribuent à Wikipédia chaque mois.

L'objectif de Wikipédia est de créer l'encyclopédie la plus complète et la plus exacte possible. Les lecteurs de passage sont invités à valider ou corriger les articles. Il existe aussi des « contributeurs réguliers » qui surveillent les articles traitant de politique ou d'événements récents. Ils peuvent corriger, réécrire ou supprimer des passages injurieux, publicitaires ou présentant des opinions personnelles. Les textes ne citant pas assez de sources sont signalés. Toutes les versions précédentes des articles sont conservées et accessibles dans les historiques.

Attention

On n'est pas obligé de s'enregistrer pour modifier des articles ou en créer. Donc tu dois faire attention : les articles ne sont pas forcément écrits par des spécialistes et les informations peuvent être fausses. Pense donc à aller vérifier sur d'autres sites.

Vikidia, l'encyclopédie des 8-13 ans

Tout comme Wikipédia, Vikidia est une encyclopédie en ligne collaborative. Elle est principalement destinée aux enfants entre 8 et 13 ans. Tu pourras y trouver de nombreux articles plus simples et plus faciles à comprendre que sur Wikipédia.

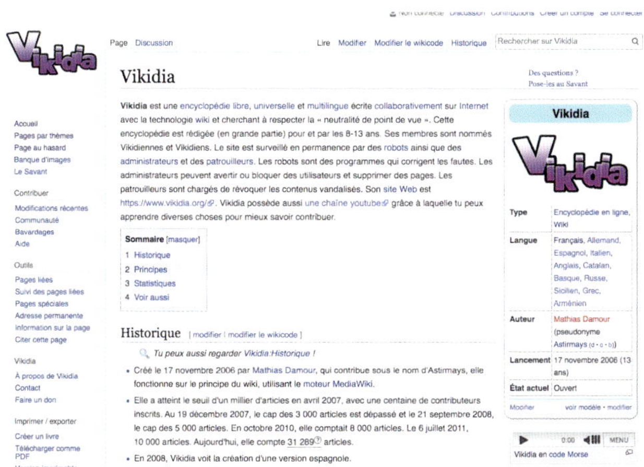

Vikidia

Page Discussion Lire Modifier Modifier le wikicode Historique

Vikidia

Des questions ? Pose-les au Savant

Accueil
Pages par thèmes
Page au hasard
Banque d'images
Le Savant

Contribuer
Modifications récentes
Communauté
Bavardages
Aide

Outils
Pages liées
Suivi des pages liées
Pages spéciales
Adresse permanente
Information sur la page
Citer cette page

Vikidia
À propos de Vikidia
Contact
Faire un don

Imprimer / exporter
Créer un livre
Télécharger comme PDF
Version imprimable

Vikidia est une encyclopédie libre, universelle et multilingue écrite collaborativement sur Internet avec la technologie wiki et cherchant à respecter la « neutralité de point de vue ». Cette encyclopédie est rédigée (en grande partie) pour et par les 8-13 ans. Ses membres sont nommés Vikidiennes et Vikidiens. Le site est surveillé en permanence par des robots ainsi que des administrateurs et des patrouilleurs. Les robots sont des programmes qui corrigent les fautes. Les administrateurs peuvent avertir ou bloquer des utilisateurs et supprimer des pages. Les patrouilleurs sont chargés de révoquer les contenus vandalisés. Son site Web est https://www.vikidia.org/. Vikidia possède aussi une chaîne youtube grâce à laquelle tu peux apprendre diverses choses pour mieux savoir contribuer.

Sommaire [masquer]
1 Historique
2 Principes
3 Statistiques
4 Voir aussi

Historique [modifier | modifier le wikicode]

Tu peux aussi regarder Vikidia:Historique !

- Créé le 17 novembre 2006 par Mathias Damour, qui contribue sous le nom d'Astirmays, elle fonctionne sur le principe du wiki, utilisant le moteur MediaWiki.
- Elle a atteint le seuil d'un millier d'articles en avril 2007, avec une centaine de contributeurs inscrits. Au 19 décembre 2007, le cap des 3 000 articles est dépassé et le 21 septembre 2008, le cap des 5 000 articles. En octobre 2010, elle comptait 8 000 articles. Le 6 juillet 2011, 10 000 articles. Aujourd'hui, elle compte 31 289 articles.
- En 2008, Vikidia voit la création d'une version espagnole.

Vikidia	
Type	Encyclopédie en ligne, Wiki
Langue	Français, Allemand, Espagnol, Italien, Anglais, Catalan, Basque, Russe, Sicilien, Grec, Arménien
Auteur	Mathias Damour (pseudonyme Astirmays (d · c · b))
Lancement	17 novembre 2006 (13 ans)
État actuel	Ouvert

Vikidia en code Morse

Voici l'exemple d'une page Vikidia.

Dico

Encyclopédie : ensemble de connaissances classées par ordre alphabétique. C'est bien plus complet qu'un dictionnaire.

Moteur de recherche : site Internet qui permet de rechercher des informations.

Sources (ici) : origines de l'information.

INTERNET : ATTENTION AUX PIÈGES

Si Internet est un outil utile, chaque utilisation comporte des risques : images choquantes, scènes violentes… Les pièges sont nombreux, mais ils peuvent être évités, à condition d'être bien informé. Un collégien sur 5 passe plus de 3 heures par jour à tchatter, et 1 sur 2 joue souvent à des jeux en réseau, où de mauvaises rencontres peuvent être faites. Il faut donc être vigilant.

Recherche d'informations

On trouve de tout sur Internet : de bonnes comme de mauvaises informations. Tu peux tomber par hasard sur des choses choquantes, réservées aux adultes, ou illégales. Si c'est le cas, parles-en. Tes parents peuvent installer un logiciel de contrôle parental qui filtre ce genre de sites.

Discussions (forums, chats)

Des personnes mal intentionnées peuvent essayer d'entrer en contact avec toi. Choisis un pseudo (un nom de code) qui ne donne pas d'information sur toi (prénom, âge, sexe…) Ne communique pas tes coordonnées (mail, téléphone, adresse…) et n'accepte jamais un rendez-vous avec quelqu'un rencontré sur Internet sans en avertir un adulte.

Blog (journal en ligne)

Avant d'y mettre des textes, de la musique, des vidéos, assure-toi d'avoir l'autorisation de leur auteur. Pour diffuser la photo de quelqu'un, demande-lui son autorisation. N'écris jamais d'injures, de paroles racistes ou diffamatoires. Quand tu vas sur d'autres blogs, fais attention, certains incitent à l'anorexie, la drogue, le racisme, le suicide...

Jeux

Ne joue pas à des jeux qui ne sont pas adaptés à ton âge. Un signe t'indique à partir de quel âge tu peux y accéder : +7 (pour les plus de 7 ans), +12, +16... L'excès de jeux peut provoquer une cyber-dépendance.

Messagerie

Attention aux documents ajoutés au message. Si tu ne connais pas la personne qui t'envoie l'e-mail, n'ouvre pas la pièce jointe sans avoir demandé son avis à un adulte.

Dico

Tchatter (ou chatter) : discuter en ligne, par Internet.
Illégal : contraire à la loi.
Filtrer (ici) : trier pour empêcher de voir.
Diffamatoire : qui donne des informations fausses et blessantes sur quelqu'un.
Anorexie : maladie où on refuse de s'alimenter.
Cyber-dépendance : personne qui souffre d'une dépendance à Internet.

ART PRESSE

LA GÉOLOCALISATION

La géolocalisation est une technologie qui permet de déterminer à distance l'endroit où se trouve une personne ou un objet.

Illustration : Kilia – Textes : Nicolazzi

Tu as peut-être déjà utilisé un GPS de voiture. Cet outil envoie ta position à un satellite. Il peut ensuite te localiser et te proposer un itinéraire. Le téléphone mobile fonctionne différemment. Grâce à une puce dans ton portable, le système sait toujours près de quelle antenne ou borne Wi-Fi tu te trouves.

La géolocalisation peut être utile au quotidien...

Sur le dessin, Lisa sait qu'elle pourra avoir un burger gratuit à sa prochaine visite au fast-burger. Elle va également pouvoir organiser sa soirée : trouver un cinéma et un restaurant japonais proches de là où elle se trouve.

... mais son utilisation peut être détournée.

On peut par exemple s'en servir pour surveiller quelqu'un à son insu, savoir où il se trouve, avec qui... Ici, Lisa sait qu'Adrien et Hugo sont ensemble, sans qu'ils s'en doutent. De plus, les boutiques qu'elle aime lui envoient des publicités qui peuvent la pousser à dépenser de l'argent. Donc, si une application te demande de signaler où tu te trouves, n'accepte pas à chaque fois. Pose-toi d'abord la question : « Est-ce que j'ai envie que tout le monde sache où je suis ? »

Dico

Borne Wi-Fi : c'est le matériel qui donne accès au réseau sans fil Wi-Fi. Ça peut être gratuit ou payant.
À son insu : sans que la personne s'en doute, le sache.

LES DONNÉES PERSONNELLES

Les données personnelles, ce sont plein de petits outils présents sur Internet et qui permettent de savoir qui tu es : nom, prénom, photos, adresse... Ces « traces numériques » peuvent être enregistrées avec ou sans ton accord, grâce aux sites que tu visites, aux applications que tu utilises, alors fais attention. Selon la loi, ces données ne doivent pas être conservées longtemps. On peut en demander une copie, les faire corriger, ou supprimer.

Sur Internet, chaque site que tu visites connaît ton historique grâce aux *cookies*. Le site de vente Amazon connaît tes dernières commandes, et Google peut lire tes mails.

À quoi servent toutes ces informations ?

Grâce aux *cookies*, les sites Internet connaissent tes goûts, tes habitudes. Ils peuvent alors te proposer des choses payantes qui pourraient te plaire : un nouveau vêtement, un téléphone portable... Si tu montres sur Facebook que tu es fan de jeux vidéo, cette information sera vendue à des sites de vente de jeux, qui te contacteront à travers des publicités ou des e-mails.

Dico

Historique (ici) : là où sont enregistrées toutes les actions et sites visités par un ordinateur.
***Cookie* (ici) :** mot anglais qui veut dire « témoin ». C'est un petit fichier qui sert à stocker des informations souvent personnelles pour un site Web.
Paramètres de confidentialité : ils permettent de choisir qui peut voir quelles informations.
Capture d'écran : la sauvegarde de ce qui se trouve sur ton écran à un moment donné.

Nos données sont-elles sécurisées ?

La loi française Informatique et Libertés du 6 janvier 1978 garantit la sécurité de ces informations pour que tout le monde ne puisse pas y accéder. Par exemple, les sites Internet protègent les données bancaires, pour que personne ne puisse s'en servir à part toi. Mais tous les sites ne sont pas aussi vigilants, il faut donc toujours bien réfléchir avant d'acheter sur Internet.

Quelles sont les précautions à prendre pour protéger ses données personnelles ?

Fais toujours attention aux informations que tu publies. Lis les conditions générales des sites avant de t'inscrire et fais attention aux paramètres de confidentialité sur les réseaux sociaux. Tes mots de passe doivent être différents d'un site à un autre et changés régulièrement. Tu peux aussi effacer les *cookies* grâce aux options de ton navigateur (Firefox, Google, Ecosia...) ou télécharger des logiciels pour t'aider.

Attention

Il existe un réseau social appelé Snapchat. C'est une application pour smartphone qui permet de partager des photos ou des vidéos avec tes amis. Tous tes messages ont une durée de vie limitée (entre 1 seconde et 24h).

Malgré tout, attention, ce n'est pas parce que ta photo n'est plus visible qu'elle n'existe plus nulle part. En plus, tes amis sont libres de faire des captures d'écran de ce que tu leur envoies. Reste donc vigilant.

UN DÉBAT POUR ALLER PLUS LOIN

Faut-il interdire les écrans dans les chambres ?

POUR

C'est mauvais pour le sommeil

Environ un ado sur trois dort moins de 7 heures par nuit au lieu des 9 heures conseillées. Le temps passé devant les écrans retarde l'heure du coucher et ralentit la production de l'hormone du sommeil. Il est conseillé de tout éteindre une heure avant d'aller au lit, et de couper son téléphone.

On peut devenir accro aux écrans

Parfois certaines personnes n'arrivent pas à s'arrêter d'aller sur Internet, c'est de l'addiction. Comme pour n'importe quelle drogue, au début, on se sent mieux. Mais petit à petit on s'isole... Si ça t'arrive, parles-en, des solutions existent !

Chiffres clés

41 % des internautes déclarent avoir du mal à se passer d'Internet pendant plus de trois jours.
3 sur 4. C'est la part des ados français qui dorment avec leur portable allumé près de leur lit, ou sous leur oreiller.
6,5. C'est le nombre moyen d'écrans présents dans une famille française.

C'est mauvais pour les résultats scolaires

Si on passe trop de temps sur Internet, on a plus de risque d'avoir des difficultés à l'école, car on est moins concentré et on consacre moins de temps à ses devoirs. Une enquête a montré que regarder trop d'émissions de télé-réalité empêche de bien apprendre. Surtout si ces émissions sont diffusées tard, te privant de sommeil.

Des risques pour la santé

Les enfants avec une télévision ou un ordinateur dans leur chambre ont plus de risque d'avoir des troubles du sommeil ou d'être en surpoids. Ils ne se dépensent pas assez dans la journée et ont du mal à trouver le sommeil. Garder son smartphone au lit n'est pas bon non plus, il envoie des ondes mauvaises pour le cerveau.

CONTRE

Les activités sur écran sont utiles

Certains jeux vidéo permettent de développer l'attention et la concentration. Les réseaux sociaux, eux, aident à se sociabiliser, en aidant à garder contact avec des amis, de la famille... Par ailleurs, aujourd'hui Internet sert pour tout (*lire p. 8-9*), il est donc très important de se familiariser avec cet outil.

L'écran n'est pas forcément un problème

L'important est de pratiquer des activités physiques dans la journée et de ne pas abuser des écrans. Les problèmes de sommeil ne viennent pas toujours de là.

Il faut un usage contrôlé

Ce qu'il faut, c'est définir un cadre. Tes parents peuvent définir des heures spécifiques pour naviguer sur Internet ou installer des logiciels de contrôle parental (*lire p. 20-21*). Parler de ce que tu vois et fais sur les écrans permet de développer ton sens critique.

Dico

Addiction : dépendance à un produit ou une activité.

Sociabiliser : devenir sociable, s'intégrer à la société.

LES MÉTIERS LIÉS À INTERNET

Si tu es vraiment passionné par Internet, sache que de nombreux métiers sont en lien avec ce domaine. On peut penser qu'il faut forcément aimer les mathématiques, avoir un profil scientifique ou technique, mais ce n'est pas toujours vrai. Certains métiers s'adressent à des personnes qui aiment écrire, dessiner, discuter… Voici quelques exemples.

C'est lui qui va s'occuper d'un site Internet au quotidien. Il va le tenir à jour, ajouter des images, des vidéos. Il doit savoir bien écrire pour pouvoir publier du texte, des articles. Parfois, c'est même lui qui a créé le site au départ, sans passer par un développeur Web.

Le développeur, c'est celui qui crée les sites Internet. En général, il est contacté par une entreprise qui lui explique ce qu'elle souhaite (présentation, contenu, couleurs…).

Beaucoup de sociétés qui ont un site Internet donnent la possibilité d'acheter leurs produits en ligne. Le *traffic manager* doit faire en sorte que ces produits se vendent bien, mais aussi que les gens sachent qu'ils existent. Il est là pour augmenter les ventes. Parfois, il va mettre en place de la publicité sur d'autres sites, dans la rue, dans les magazines. Il travaille dans une entreprise ou dans une agence de communication et peut s'occuper de plusieurs sites en même temps.

Dico

Statistiques (ici) : chiffres concernant le nombre de personnes qui se connectent au site, nombre de pages visitées…
Forum (ici) : espace public virtuel sur lequel on échange des messages avec d'autres internautes.
Blog : site Internet sur lequel une personne partage des choses sur elle, son quotidien, ses passions.

WEBDESIGNER

Ce métier est fait pour les esprits créatifs, ceux qui aiment dessiner, autant que l'informatique. Parfois, on peut demander au *webdesigner* de faire le même travail qu'un développeur Web ou qu'un *webmaster*. Il fait en sorte que le site soit unique, avec des images qu'il crée lui-même, des logos etc.

CONSULTANT WEB ANALYTIQUE

De nombreuses entreprises veulent connaître les statistiques de leur site Internet afin de savoir si beaucoup de gens se connectent, s'ils y restent longtemps, s'ils y font des achats... Le consultant Web analyse tous ces chiffres et fait un compte-rendu à l'entreprise. Cela permet de voir les points forts et les points faibles du site, pour l'améliorer.

ANIMATEUR DE COMMUNAUTÉS

Aussi appelé Community manager. Sur les forums ou les blogs, il anime et fait en sorte que des gens se réunissent en communauté, autour d'un même thème (ex : la lecture, le sport, les films...) Il est très lié aux réseaux sociaux. Il fait en sorte que les échanges entre les différents membres se passent bien, qu'il n'y ait pas d'insultes ou de propos qui ne soient pas en accord avec le thème du site.

Pour aller plus loin

Les informations traitées par des ordinateurs (textes, images, vidéos, fichiers, son, couleurs...) sont sous la forme d'un code pour que l'écran puisse les afficher correctement. On appelle ça « coder ». C'est un système assez compliqué, mais maintenant, dès 7 ans, tu peux commencer à coder, avec le logiciel Scratch, pour créer, par exemple, ton propre jeu en ligne. C'est gratuit et cela te permet d'apprendre le langage informatique de façon très ludique !

QUEL AVENIR POUR INTERNET ?

Internet et les ordinateurs évoluent très vite. Certaines innovations récentes nous donnent parfois l'impression d'être dans un film de science-fiction. Nos grands-parents n'ont sans doute jamais imaginé que tant de choses puissent être possibles. On peut donc se demander jusqu'où les chercheurs iront. Voici quelques idées :

Des ordinateurs contrôlés par la pensée

Et pourquoi pas ? Dans ce cas, adieu clavier et souris, on ne pourra plus compter que sur notre esprit pour contrôler la machine. Gare aux faux contacts cependant et aux idées farfelues.

Un écran aussi fin qu'une feuille de papier

Pratique à transporter, léger, fin, flexible, bref on aimerait déjà en avoir un. Attention cependant à ne pas l'enrouler ou jouer avec, car ce petit écran coûtera certainement très cher !

Dico

Innovation : action d'innover. Faire de nouvelles choses pour remplacer les anciennes dans un domaine particulier.

Des cours sur tablette

Pendant le confinement en 2020, très peu d'enfants dans le monde ont pu aller à l'école. À l'aide d'Internet, les professeurs donnaient des cours que tu pouvais suivre sur ordinateur. Mais toutes les familles n'ont pas accès à Internet ou à un ordinateur, il reste des progrès à faire.

Peut-être que dans quelques années, il sera très facile de suivre les cours à la maison, avec des tablettes interactives, qui sait ? Mais ne plus pouvoir bavarder en cachette avec tes copains et tes copines, ce serait triste, non ?

Pour aller plus loin

• Comme tu l'auras compris, Internet a révolutionné la vie des gens, au quotidien, comme dans leur travail.

• C'est un outil qui offre de nombreuses possibilités. Il a aussi changé les rapports des gens entre eux ; maintenant, rien de plus simple que de communiquer avec quelqu'un, même s'il est à l'autre bout du monde.

• Grâce aux nombreux sites qu'il abrite, tu peux faire des recherches sur tout et sur rien, travailler pour tes exposés sans sortir de chez toi, jouer à des jeux en ligne...

• Mais malgré tout, il faut rester vigilant. Il n'y a pas que des gens bien intentionnés qui surfent sur Internet, et tu dois en être conscient.

• Quoi qu'il arrive, et peu importe ton âge, quand tu as un doute ou un problème, parles-en à quelqu'un de confiance. Alors ouvre les yeux et bonne navigation !